Halcyon Backhouse

CORRIE TEN BOOM

oncken

Bildnachweis:
Russ Busby / Billy Graham Evangelistic Association: Titelseite
Dallas Baptist University: 5, 7, 8, 9, 11, 12, 13, 18, 19, 31, 32/33, 43, 44, 45, 47, 48
Hulton Picture Company: 21
Imperial War Museum: 20
Netherlands Board of Tourism: 14/15, 16
Deborah Noble: 25, 26/27, 28/29, 41
Vic Mitchell: 37

Satz: vom Schemm & Müller GmbH, Solingen
ISBN 3-7893-7718-X

INHALT

1	Nur noch ein Schritt zum Himmel	5
2	Ein Heim in Amerika	6
3	Ihr erstes Zuhause	8
4	Die ersten Jahre in Holland	10
5	Holland ist in Gefahr	14
6	Im Zweiten Weltkrieg	17
7	Leben im „Beje“	18
8	Die Gestapo	22
9	Ins Gefängnis	23
10	Ein Garten hinter Gittern	24
11	Gemeinsam mit Jesus	25
12	Das Konzentrationslager Vught	26
13	Ein Fest im Lager	27
14	Farben im Gefängnisgrau	28
15	In die Höhle des Löwen	30
16	Ravensbrück	32
17	Die wunderbare Vitaminvermehrung	34
18	Ein alte Lektion neu gelernt	35
19	Jesus verbindet	36
20	Trennung	38
21	Meine Zeit steht in Gottes Händen	39
22	Frei	40
23	Das ist nicht meine Welt	41
24	Tag für Tag Arbeit für Jesus	42
25	Vagabund für den Herrn	43
26	Arbeit über Arbeit	46
27	Eine Heldin kehrt heim	47

1
NUR NOCH EIN SCHRITT ZUM HIMMMEL

Die drei Kinder waren ins *Schalom-Haus* gekommen, um eine ganz besondere Frau zu besuchen. Sie war neunzig Jahre alt. Der Jüngste von ihnen hielt ein Kätzchen in den Armen und blickte Tante Corrie an, die eine der berühmtesten Christinnen des zwanzigsten Jahrhunderts war. Tante Corrie betrachtete das Kätzchen. Der Junge war ganz aufgeregt. Er spürte, daß Tante Corrie verstand, was er für dieses Kätzchen empfand. Und dies, obwohl sie kein Wort sagte, denn Tante Corrie war schwer krank und konnte nicht einmal mehr sprechen.

Menschen aus aller Welt besuchten Tante Corrie in ihrem hellen, gemütlichen Schlafzimmer im vorderen Teil des Bungalows. Sie stellten mit Erstaunen fest, daß ihnen diese Frau auch ohne Worte mehr geben konnte, als sie der Patientin gaben! Was war das Geheimnis dieser großen alten Dame? Jeden, der sie sah, überkam in ihrer Gegenwart ein eigenartiges Gefühl. Seit sie nach ihrem zweiten Schlaganfall ans Bett gefesselt war, hatte man den Eindruck, Tante Corrie lebe ganz in der Gegenwart Gottes. Oft saß ihre Freundin Pam Rosewell neben ihr, hielt ihre Hand und betete. Sie dachte dabei immer: „Noch haben wir dich bei uns, Tante Corrie, und doch gehörst du schon nicht mehr zu uns. Es ist, als wenn du schon im Vorhof des Himmels stehen würdest.“

Tante Corrie lag so, daß sie aus dem Fenster schauen konnte. Draußen schien die Sonne, die Rosen standen in voller Blüte. Wie eine Gefangene lag Tante Corrie schon fünf lange schweigsame Jahre in diesem kleinen Zimmer. Ihr alter Körper war gelähmt, das Gehirn geschädigt. Sie konnte sich nicht bewegen, konnte nicht sprechen. Aber sie konnte beten. Und die drei Kinder waren glücklich, bei ihr zu sein.

Corrie als Achtzigjährige

2
EIN HEIM IN AMERIKA

Pam erinnerte sich daran, wie sie mit Corrie zusammentraf, um sie bei ihrer Aufgabe, den Menschen von Jesus zu erzählen, zu unterstützen. Damals hatten sie in Holland gewohnt. Aber als sie eines Tages gemütlich vor dem Kamin saßen, hatte Tante Corrie erklärt: „Kind, es ist so weit. Der Herr will uns ein Heim in Amerika schenken."

Es klang lustig, „Kind" genannt zu werden, denn Pam war schon längst erwachsen. Aber nach den langen Jahren, die Tante Corrie schon lebte, und nach den vielen erstaunlichen Dingen, die sie durchgemacht und erfahren hatte, mußte ihr jeder andere wie ein Kind erscheinen. Als sie im Januar 1977 von Holland nach New York flogen, war Tante Corrie noch jung, erst vierundachtzig Jahre alt! Sie wirkte lebensfroh und humorvoll, auch wenn sie in einem Rollstuhl herumgeschoben werden mußte. Doch niemand schob Tante Corrie herum. Pam erinnerte sich an einen Vorfall bei ihrer Ankunft auf dem John-F.-Kennedy-Flughafen in New York. Der Gepäckträger war unfreundlich und grob.

„Tante Corrie!" beschwerte sich Pam auf Niederländisch. „Hast du gehört, wie grob dieser Mann war?"

„Kind, sei froh, daß du nicht mit ihm verheiratet sein mußt!" erwiderte Tante Corrie. Dann wandte sie sich an den Mann: „Ein großer Flughafen ist das hier. Wissen Sie, wie Sie hier überall hinkommen? Und wissen Sie, wie Sie in den Himmel kommen?"

Tante Corrie war immer stark und lebendig gewesen. In Amerika hatten sie das *Schalom-Haus* gegründet und waren mit großen Hoffnungen auf mehr Arbeit für den Herrn eingezogen. Aber nach nur eineinhalb arbeitsreichen und aufregenden Jahren erlitt Tante Corrie ihren ersten Schlaganfall. Inzwischen hatten drei weitere Schlaganfälle in fünf Jahren sie völlig gelähmt. Sie konnte sich nicht bewegen, nicht sprechen und auch sonst nichts tun. Welchen Sinn gaben diese Zusammenhänge.

Gott hatte Tante Corrie dieses Haus in Kalifornien geschenkt. Der trostlose Garten war zum Leben erblüht, aber Tante Corries Leben welkte immer mehr dahin. Und doch war sie voller Leben. Vielleicht erinnerte sich Tante Corrie an ihr langes Leben, als sie regungslos in ihrem Bett lag.

Haus Schalom

3
IHR ERSTES ZUHAUSE

Corrie wuchs in einem alten Haus mitten in der alten holländischen Stadt Haarlem auf. Das Haus war nicht übermäßig groß und besaß keinen Garten. Aber Tante Corrie lebte in einer wunderbaren Familie. Ihre Eltern liebten das Leben und die Kinder. Die Familie beherrschte die Kunst des Lachens und des Lebens. Tante Corrie vergaß die Erinnerungen an Spaß und Freude und den Klang von glücklichen Stimmen nie. Am wichtigsten von allem war, daß die kleine Corrie wußte, daß die Liebe zu Jesus ihrem Leben einen Sinn gab.

Corries Eltern

„Jesus steht an der Tür deines Herzens. Wenn du ihn einlädst, dann tritt er ein!“ erklärte ihr die Mutter. „Möchtest du Jesus einladen?“ Corrie erinnerte sich daran, wie schön ihre Mutter in diesem Augenblick war. Die schönste Mutter der Welt.

„Ja, Mama, ich will Jesus in mein Herz einladen“, antwortete die fünfjährige Corrie.

Ihr Zuhause war da, wo ihr Herz war: bei Jesus. Und so blieb es ihr ganzes Leben lang: Jesus lebte in Corries Herz.

Durch dick und dünn, durch gute und schlechte Zeiten blieb Jesus derselbe. Sie war bei Jesus „zu Hause“. Corrie wußte auch, daß sie eines Tages für immer bei Jesus im Himmel wohnen würde. Ihr Vater hatte ihr das erklärt.

„Papa, warum betest du immer darum, daß Jesus aus den Wolken kommen soll?“ fragte Corrie, als sie abends ins Bett gebracht wurde.

„Corrie, in der Bibel lesen wir, daß Jesus versprochen hat, eines Tages wieder in diese Welt zu kommen und alles neu zu machen. Jetzt ist die Welt mit Haß erfüllt. Aber wenn Jesus wiederkommt, wird dieser Haß von Gottes Liebe überdeckt.“

Der Gedanke an diesen wunderbaren Tag machte Corrie überglücklich. „Oh, Papa, dann wird jeder Mensch Jesus kennenlernen. Ich freue mich schon darauf, wenn er kommt“, sagte sie freudestrahlend.

Corrie ten Boom, als sie ungefähr fünf Jahre alt war.

4
DIE ERSTEN JAHRE IN HOLLAND

Corrie wurde am 15. April 1892 in Holland geboren. Ihr vollständiger Name lautete Cornelia Arnolda Johanna ten Boom, sie wurde aber von allen nur Corrie genannt. Die ten Booms waren eine alteingesessene, bekannte Familie in diesem Teil Hollands. Corries Familie bestand aus Papa Casper, Mama Cor, Mamas Schwestern Tante Anna, Tante Jans, Tante Bep, der älteren Schwester Betsie, dem jüngeren Bruder Willem und der jüngeren Schwester Nollie.

Das Haus in Haarlem hieß kurz „das Beje". Es stand in der Barteljorisstraat. Obwohl es nicht sehr groß war, hatte es immer weit geöffnete Türen. Hier lernte Corrie schon als Kind, was Gastfreundschaft bedeutet. Viele einsame Menschen fanden bei den ten Booms eine freundliche Aufnahme. Mahlzeiten wurden mit den Gästen geteilt. Musik, Spaß und Gespräche ließen alle wieder aufleben.

Die Familie war nicht reich, aber was sie hatte, teilte sie mit den anderen. Corrie wuchs so in einer anregenden Atmosphäre auf. Sie hatte einen angeborenen Sinn dafür, sich viel vorzunehmen. So viel wie möglich mußte in jeden kostbaren Tag gepackt werden: alles, was das Leben und die Liebe hergaben.

Im Laufe der Jahre lernte Corrie, anderen von Jesus zu erzählen. Als Siebzehnjährige erteilte sie ihre erste Sonntagsschulstunde. Mit ihren Worten spann sie „Fäden aus leuchtenden Farben". Ihre jungen Zuhörer fühlten sich beim Erzählen mitten in die Geschichte hineinversetzt: Sie erlebten mit, wie Jesus die kleinen Brote und zwei Fische unter fünftausend Menschen verteilte, wie alle davon aßen und satt wurden.

„Wenn wir an Jesus glauben, feiern wir ein großes Fest", sagte Corrie am Ende ihrer Erzählungen. Sie ahnte nicht, wie wichtig diese Lektion in ihrem späteren Leben für sie selbst werden würde. Sie war arm, machte aber viele reich, lernte selbst und lehrte wieder andere, was das Geheimnis eines reichen Lebens in Jesus ist.

Die Familie ten Boom um die Jahrhundertwende.
Corrie ist die zweite von rechts in der vorderen Reihe.

Corries Geburtsurkunde

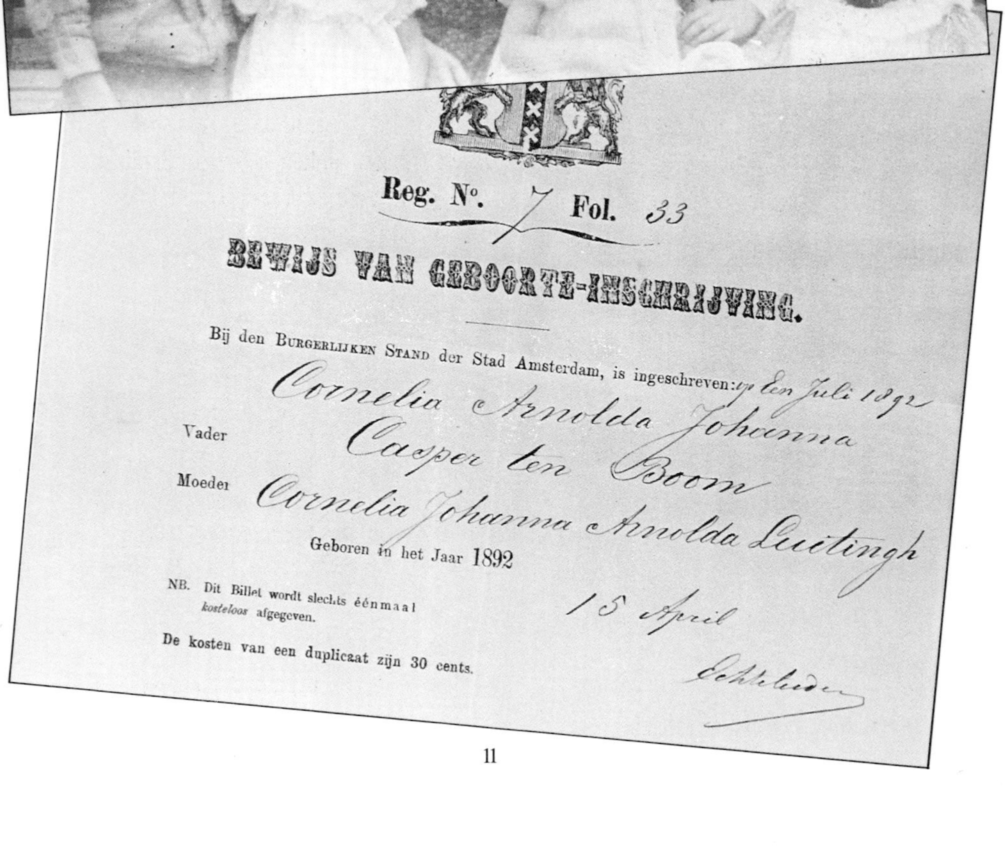

Reg. N°. 7 Fol. 33

BEWIJS VAN GEBOORTE-INSCHRIJVING.

Bij den BURGERLIJKEN STAND der Stad Amsterdam, is ingeschreven: op een Juli 1892

Cornelia Arnolda Johanna

Vader Casper ten Boom

Moeder Cornelia Johanna Arnolda Luitingh

Geboren in het Jaar 1892 15 April

NB. Dit Billet wordt slechts éénmaal *kosteloos* afgegeven.

De kosten van een duplicaat zijn 30 cents.

Schlieden

Corrie (links) und Betsie

Die Familie
vor dem Zweiten Weltkrieg

In Haarlem. Corrie lehnt sich aus dem Fenster der Kutsche.

Auf dem Weg zu einem Zeltlager für Mädchengruppenleiter.
Corrie ist die zweite von rechts.

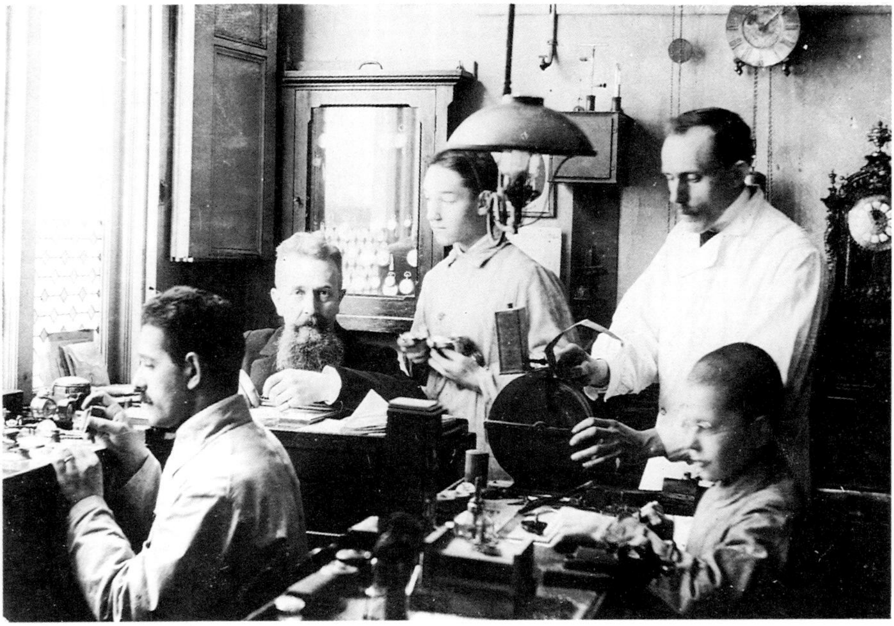

Corries Vater (zweiter von links) bei der Arbeit in seinem Geschäft.

5
HOLLAND IST IN GEFAHR

Caspar ten Boom, Corries Vater, war ein ausgezeichneter Uhrmacher. Sein kleines Geschäft, in dem die verschiedensten Uhren um die Wette tickten, befand sich im Erdgeschoß des „Beje". Er kannte viele Leute, viele fragten ihn um Hilfe. Als die Jahre vergingen, heirateten Nollie und Willem und zogen aus dem „Beje" aus, Mama Cor und die Tanten starben, und Corrie blieb mit Betsie und ihrem Vater allein zurück. Corrie lernte wie ihr Vater den Beruf des Uhrmachers. Gemeinsam reparierten sie Uhren und hielten Bibelstunden. Corrie fand es aufregend und spannend, jungen Menschen von Jesus zu erzählen und zu sehen, wie sie sich ihm zuwandten. Sie gehörte der reformierten Kirche an und verbrachte viele Stunden damit, den Jugendlichen dabei zu helfen, Jesus und seine Kirche zu lieben.

Ein Blick auf Haarlem

Es gab die verschiedensten Gruppen und Clubs. Corrie und Betsie leiteten zusammen fast zehn Clubs. Der Haarlemer Mädchenclub hatte folgende Regeln: Suche Kraft durch Gebet, trage deine Schwierigkeiten mit Freude, sei offen und vertrauenswürdig, entwickle die Gaben, die Gott dir gegeben hat.

Hier wurde gelacht und geweint: zum Beispiel war da Peggy, die im Club Geld gestohlen hatte. Aber sie hatte gelernt, Jesus zu vertrauen und mit dem Stehlen aufzuhören. Oder Pietje, ein Mädchen mit einem Buckel, das dachte, Gott bestrafe sie für die Sünden ihres Vaters. Sie entdeckte, daß Jesus sie sehr liebte und ihr ein neues Leben schenkte. Sie wurde das beliebteste Kind im ganzen Club.

Es war ein trauriger Tag, als dies alles zu Ende ging. Der Zweite Weltkrieg war ausgebrochen, alle Clubs mußten geschlossen werden.

Jetzt hoffte Corrie nur, daß Gott ihnen in den dunklen Tagen, die vor ihnen lagen, seine Kraft zum Leben geben würde. Was erwartete sie in dieser Zeit des Krieges? Hatten die Mädchen gelernt, daß Jesus sie auch in Zeiten der Not und Katastrophen stark macht? Jesu Sieg war die einzige Hoffnung in dem Leiden, das auf viele von ihnen zukam – und ganz besonders auf Corrie ten Boom.

D · A · T · E · N · F · A · K · T · E · N

HOLLAND

Hollands offizieller Name lautet „Königreich der Niederlande". Seine Hauptstadt ist Amsterdam, der Regierungssitz ist Den Haag.

An das Land grenzt im Norden und Westen die Nordsee, im Osten Deutschland und im Süden Belgien. 1985 wurde seine Bevölkerung auf 14 472 000 Einwohner geschätzt.

Seit dem 12. Jahrhundert wurde fast ein Fünftel des Staatsgebietes dem Meer abgerungen. Früher benutzte man meistens Windmühlen, um das tief gelegene Land trockenzulegen. Inzwischen nehmen Dampf-, Diesel- und Elektropumpen ihren Platz ein. Die durchschnittlichen Temperaturen liegen zwischen 1,7 °C im Winter und 17 °C im Sommer.

Die Niederlande nehmen bei der Produktion von Milchprodukten, beim Export von Käse, Butter und Eiern einen Spitzenplatz in Europa ein. Sie sind auch für ihre landwirtschaftlichen Produkte bekannt. Tulpen aus Holland finden weltweite Absatzmärkte.

Holland ist auch wegen seiner Kunst berühmt und hat mehrere weltbekannte Museen. Einer der berühmtesten Maler ist Vincent van Gogh.
Eine Fülle von Gemälden aus dem 17. Jahrhundert geben Einblick in das damalige Leben in Holland.

6
IM ZWEITEN WELTKRIEG

Die Explosionen erschütterten die frühen Morgenstunden. Der Lärm kam vom Hafen in der Nähe von Haarlem. Corrie lief in Betsies Zimmer. Sie setzten sich vor Angst zitternd aufs Bett und hielten einander trostsuchend fest umklammert. Aber sie hatten von ihrer Kindheit an gelernt, zu beten. Und jetzt praktizierten sie es.

„Herr, mach uns stark", beteten sie.

„Herr, nimm uns die Angst."

Es war das erste von vielen Malen, daß sie sich in die liebenden Arme Jesus warfen, und er richtete sie wieder auf.

Jene ersten Kriegstage im Jahr 1940 waren düstere Tage. Hollands Königin Wilhelmine und ihre Regierung flohen nach England und Prinzessin Juliana nach Kanada. Damit wußte die holländische Bevölkerung, daß ihre Sache hoffnungslos war, Holland ergab sich den Deutschen. Kurz darauf marschierte die deutsche Armee in Haarlem ein, mitten durch die Barteljorisstraat. Panzer, Kanonen und viele hundert Soldaten zogen durch die Stadt. Die enge Straße, in der Corrie als Kind gespielt hatte, war voller deutscher Soldaten.

Zuerst änderte sich nicht viel. Dann jedoch wurden die Telefonleitungen lahmgelegt, das Essen rationiert und eine Ausgangssperre verhängt. Nach 18 Uhr durfte niemand mehr sein Haus verlassen. Nachts war alles vollkommen verdunkelt. Man fühlte sich nicht einmal in der Kirche sicher, denn die Deutschen bewachten die Eingänge. Einmal öffneten sie die Kirchentüren und ordneten an, daß jeder Mann zwischen achtzehn und vierzig herauskommen müsse. Sie wurden nach Deutschland deportiert; viele von ihnen sah man nie wieder. Eine dunkle, bedrohliche Macht begann, Corries glückliches Leben zu zerstören.

Linke Seite:
(oben) Die Niederlande
(Mitte) Blühendes Tulpenfeld vor einer Windmühle
(unten) „Sonnenblumen" von Van Gogh ist eines der berühmtesten Gemälde.

7
LEBEN IM „BEJE“

Musik erklang aus Corries Zimmer im „Beje“. Jeder nannte es die fröhlichste Untergrundadresse in den ganzen Niederlanden. Tatsächlich herrschte im Haus der ten Booms Glück und Frieden, während in der Ferne Kanonen donnerten und die Straßen von den Gesängen deutscher Soldaten widerhallten.

Unten an der Treppe stand ein jüdisches Ehepaar in der Diele. Die beiden waren wie verängstigte, gejagte Tiere und baten um Unterschlupf. Die Hände des Mannes zitterten. Seine Zähne klapperten. Sie waren vor den Deutschen geflohen. Corrie und Betsie gingen zu ihnen hinunter.

„Bitte, können wir hier bleiben?“ bettelten sie. „Wir haben ihre Adresse bekommen. Man hat uns verraten. Die Gestapo* sucht uns.“

„Natürlich können Sie bleiben. Herzlich willkommen. Wir kümmern uns diese Nacht um Sie und werden schauen, was sich morgen am besten machen läßt. Haben Sie keine Angst. Alles wird gut werden“, sagte Corrie.

Vater ten Boom tröstete das Ehepaar, während Corrie und Betsie alles für ihre Gäste vorbereiteten. Hinter einer Wand im „Beje“ war ein versteckter Schrank eingebaut. Darin konnten sich acht Menschen verstecken. Hier waren sie vor den Deutschen sicher.

In jener Nacht beteten Corrie, Betsie und Vater ten Boom, daß Gott ihnen helfen möge, diesen Menschen, die sich in furchtbarer Gefahr befanden, beizustehen. Die Deutschen töteten die Juden. Diese unmenschliche Grausamkeit machte den Zweiten Weltkrieg noch furchtbarer und entsetzlicher. Die ten Booms hatten beschlossen, alles in ihrer Macht stehende zu unternehmen, um ihre jüdischen Freunde zu beschützen. Sie wußten damals noch nicht, daß diese Hilfe sie das Leben kosten würde.

Essens-Hilfaktionen im Untergrund

(rechts) Die Beje

* Geheime Staatspolizei. Sie machte Jagd auf Juden und Gegner des Dritten Reiches. Eine Untergrundadresse war ein Haus, in dem man sich vor den Nazis versteckten konnte.

CERTINA
ten boom
PRISMA
BARTELJORISSTRAAT
TEN BOOM
TEN BOOM
camera nova

D · A · T · E · N · F · A · K · T · E · N

DER ZWEITE WELTKRIEG

Nahezu die ganze Welt war in den Zweiten Weltkrieg 1939–45 verwickelt. In mancher Hinsicht war er die Folge des Ersten Weltkriegs 1914–18, dessen Friedensschluß Deutschland nie akzeptiert hat.

1933 Adolf Hitler, der Führer der NSDAP, kommt in Deutschland an die Macht. In Italien regiert die faschistische Partei unter Benito Mussolini. Hitler strebt die volle Wiederbewaffnung und die Revision des Versailler Friedensvertrages an.

1938 Anschluß Österreichs durch die deutsche Wehrmacht, Besetzung der Tschechoslowakei nach dem Münchener Abkommen.

1939 Angriff auf Polen, das in drei Wochen besiegt wird, Kriegserklärung durch England und Frankreich. Die Sowjetunion besetzt Ostpolen und greift Finnland an, Italien besetzt Albanien.

1940 Deuschland besetzt Dänemark und Norwegen, erobert Holland, Belgien und weite Teile Frankreichs. Italien tritt in den Krieg ein, der sich auch auf Afrika ausdehnt. Luftschlacht um England.

1941 Deutschland greift die Sowjetunion an. Seine Truppen erreichen bis zum Winter Moskau, werden aber zurückgedrängt. Japan besetzt China, Indochina und die pazifischen Inseln, greift den amerikanischen Stützpunkt Pearl Harbour an.

1942 Alliierte Gegenoffensive in Afrika, verstärkte Bombenangriffe auf Deutschland, weitere deutsche Offensive, die im Winter zum Verlust einer ganzen Armee in Stalingrad führt. Kriegswende.

1943 Rückzug deutscher Truppen in der Sowjetunion, Kapitulation in Afrika. Alliierte besetzen Sizilien, Sardinien und Süditalien. Amerikanische Gegenoffensive im Pazifik.

1944 Deutsche Truppen werden aus der Sowjetunion herausgedrängt. Alliierte Invasion in Frankreich, Rückzug der deutschen Truppen auf die eigenen Grenzen. Totaler Bombenkrieg.

1945 Deutschland wird erobert und kapituliert. Japan kapituliert nach dem Abwurf zweier Atombomben.

Der Krieg fordert 55 Millionen Tote, mindestens die Hälfte davon Zivilisten. Während der nationalsozialistischen Herrschaft werden fast sechs Millionen Juden systematisch vernichtet. Eine weitere Folge des Krieges: Deutschland und Europa werden über mehr als 40 Jahre geteilt sein.

BREDA
ANTWERPEN
ROOSENDAAL 24
TILBURG

8
DIE GESTAPO

Am 28. Februar 1944 wurde im „Beje“ Alarm gegeben. Jeder wußte, was er zu tun hatte. Sie hatten es vorher oft genug eingeübt. Corrie lag mit Grippe im Bett. Vier jüdische Freunde und zwei andere Freunde, die ihnen halfen, rasten an Corries Bett vorbei und flüchteten in ihr Versteck. Wenige Sekunden später trampelten schwere Schritte die Treppe herauf. Die Tür wurde aufgerissen und ein barsch aussehender deutscher Soldat blickte sich im Zimmer um.

„Sofort aufstehen“, befahl er Corrie. „Wo versteckt ihr die Juden?“

„Ich weiß nicht, wovon Sie sprechen“, erwiderte Corrie.

Der Mann lachte abfällig. „Das werden wir schon sehen.“

Corrie mußte aufstehen und ins Eßzimmer hinuntergehen, in dem schon viele Menschen waren. Der deutsche Hauptmann begann, jedes Familienmitglied der ten Booms zu verhören. Wenn er mit einer Antwort nicht zufrieden war, schlug er zu.

„Herr Jesus, beschütze mich“, rief Corrie laut aus, als der deutsche Soldat sie immer wieder schlug. Der grausame Soldat hörte tatsächlich auf, sie zu mißhandeln. Das Haus wurde durchsucht, aber die Deutschen fanden die versteckten Juden nicht.

Betsie deutete auf ihren geliebten Kamin, über dem der Spruch „Jesus ist Sieger“ hing.

Vater ten Boom und Corrie lasen ihn. „Ja, das ist und bleibt ewig wahr“, sagte Vater ten Boom laut.

Alle Hausbewohner wurden zur Polizeiwache geschleppt. Aber die Menschen in ihrem Versteck hinter dem Schrank blieben unentdeckt. Einige Nächte später krochen sie vorsichtig heraus und flüchteten zu anderen Freunden. Doch die gesamte Familie ten Boom wurde festgenommen. Jemand hatte sie den Deutschen ans Messer geliefert.

9
INS GEFÄNGNIS

Die ganze Familie ten Boom war auf die Polizeiwache gebracht worden, weil sie Juden geholfen hatten, sich vor den Deutschen zu verstecken. In dieser Nacht zitierte Vater ten Boom einige Verse aus Psalm 91 und leitete dort auf der Polizeiwache, wie er es, solange sich Corrie erinnern konnte, immer getan hatte, das Abendgebet seiner Familie.

Am nächsten Tag wurden sie auf einen Lastwagen verfrachtet und ins Gefängnis transportiert. Als der Wagen in den Gefängnishof fuhr, fielen die großen Gefängnistore hinter ihnen ins Schloß.

„Der Herr sei mit dir", flüsterte Corrie ihrem Vater zu, als er von Betsie und ihr getrennt wurde.

„Und mit euch", erwiderte er. Das war das letzte Mal, das sie ihren Vater sahen.

Weil Corrie krank war, bekam sie eine eigene Zelle. „Wenn ich nur andere Menschen sehen könnte", dachte sie. „Nicht dieses Alleinsein! O Herr, nimm diese Einsamkeit weg", weinte sie und fühlte sich sehr krank. Ihr Arm tobte vor Schmerzen, und sie betete: „Sicher in Jesu Armen, o mein Gott, nimm mich in deine Arme und tröste mich." Friede erfüllte ihr Herz, ein Friede, den diese Welt nicht kennt und nicht geben kann. Corrie schlief ein.

Am nächsten Morgen fand sie ein Stück Brot, das auf ihre Matratze geworfen worden war. Sie bekam eine warme Mahlzeit am Tag, die ihr von einem grimmig dreinblickenden Gefängniswärter an die Matratze gebracht wurde, aber das dauerte nur drei Tage. Danach mußte sich Corrie auf die Beine kämpfen und ihr Essen selbst von einem Brett bei der Tür holen.

Wenn Corrie die Angst übermannen wollte, sang sie, auch wenn in diesem Gefängnis Singen verboten war. Eines Morgens hörte sie einen Vogel ein fröhliches Frühlingslied zwitschern. Corrie konnte ihn vor ihrem Zellenfenster sitzen sehen. Ihr Herz wurde wieder mit Hoffnung erfüllt.

10
EIN GARTEN HINTER GITTERN

Corrie betete zu Jesus. Nie zuvor hatte sie die Gemeinschaft mit ihrem Herrn so schön empfunden. Sie lag zwar allein in einer Zelle, war eine Gefangene und doch...

Corrie fragte sich, wie es kam, daß ihr Herz sich so frei und stark fühlte; frei wie der Vogel, der vor ihrem Fenster sang. Ihr Herz flog in ihren Träumen davon. Sie stellte sich den großen Ozean und die brechenden Wellen vor, den stürmischen Westwind und die Meeresbrandung. Sie war zwar in ihrer Zelle gefangen, aber außerhalb des Gefängnisses hatte man die ten Booms bestimmt nicht vergessen. Dort würde für sie gebetet, dachte sie. Freundliche Menschen würden bald kommen und sie herausholen.

In der Zelle war es dunkel. Nach sieben Wochen durfte sie endlich zum ersten Mal in den Gefängnisgarten. Durch einen Tränenschleier sah sie die Farben. Es war wie ein Regenbogen. Sie saugte das Licht und die Farben auf, doch plötzlich ergriff sie eine Trauigkeit. Sie nahm die Schönheit nicht mehr wahr. Sie sah nur noch die menschliche Grausamkeit. Sie war immer noch gefangen. Und warum? Weil sie jüdischen Freunden geholfen hatte, dem Tod durch die Deutschen zu entrinnen. Alles um sie herum erinnerte sie an den Tod. Die Gefängniswände waren trostlos, ihre Krone gespickt mit Glasscherben, die Büsche vertrocknet, die Ruhe wurde durch Gewehrfeuer gestört.

Dann fielen ihr plötzlich einige Worte aus der Bibel ein: „Henoch wandelte mit Gott.“ Sie war nicht allein. Auch sie wandelte mit Gott. Und der Himmel war wieder blau und die Sträucher grün. Ihr Garten lag in ihrem Herzen, bei Gott.

Im März kam ein Brief von ihrer Schwester Nollie, die inzwischen freigelassen worden war. Nollie schrieb, daß ihr geliebter Vater im Gefängnis gestorben sei.

Corrie war aufgewühlt. Dann dachte sie, daß ihr Vater jetzt wirklich frei sei – frei im Himmel – und fand Trost.

11
GEMEINSAM MIT JESUS

Ein Befehl wurde durch den Gefängnisgang gebrüllt. Alle Gefangenen mußten ihre wenigen Habseligkeiten zusammenpacken. Stunden später schrie eine deutsche Stimme: „Raustreten!“

Zum ersten Mal sah Corrie ihre Mitgefangenen. Und dann – erblickte sie Betsie! Die beiden Schwestern waren überglücklich, daß sie wieder zusammen waren. Eng nebeneinander saßen sie in dem Zug, der sie in ein anderes Gefängnis nach Vught bringen sollte. Auf dem ganzen Weg hielten sie sich an den Händen. Was auch auf sie zukäme, Corrie und Betsie waren wenigstens zusammen!

Als sie in Vught eintrafen, wurden alle neuen Gefangenen in eine Holzbaracke außerhalb des Hauptgefängnisses geführt. Hier mußten alle stundenlang stillsitzen. Niemand konnte sich waschen, um achtzehn Uhr mußten sie ins Bett gehen. Betsie gründete in ihrem neuen Gefängnis einen Club. Jeder konnte darin Mitglied werden, die Regeln waren einfach:

1. Nicht murren und schimpfen.
2. Nicht unfreundlich sein oder über andere Gefangene schlecht reden.
3. Die Gefängnisregeln befolgen.
4. Jeder, der will, kann einer kleinen Gebetsgruppe, die sich jeden Tag versammelt, beitreten.

Nach zwei Wochen schickte man nach Betsie und Corrie. Würden sie freigelassen werden? Ruhig beteten und sangen sie miteinander:

Wir wollen Jesus die Ehre geben
und von seiner Liebe und Macht singen,
Großes gibt er dem Menschen,
dessen Freude der Herr ist.

Aber ihnen wurden nur ihre Habseligkeiten abgenommen – alles, außer Corries Bibel. Sie hatte sie in ihrem Kleid versteckt, und sie wurde nicht entdeckt. Dann wurden sie zusammen mit fünfzig anderen Frauen tief in das Innere des Hauptgefängnisses gebracht. Sie waren Gefangene des Konzentrationslagers in Vught.

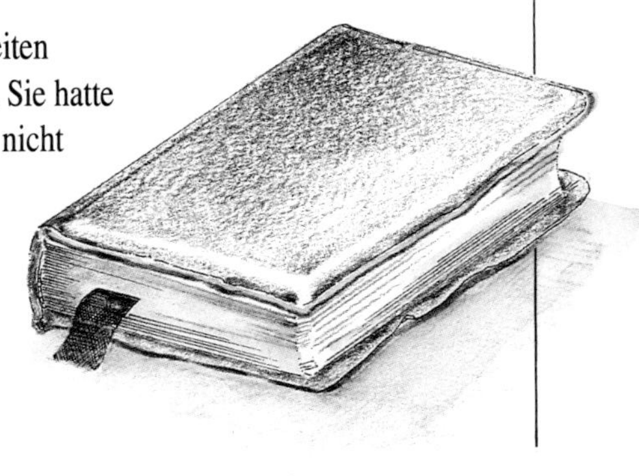

12
DAS KONZENTRATIONSLAGER VUGHT

An ihrem ersten Sonntag im Konzentrationslager Vught sagte man Corrie und Betsie, sie sollten sich ab zwölf Uhr selbst beschäftigen. Draußen war herrliches Wetter. Die zwei Schwestern gingen am Stacheldrahtzaun entlang spazieren, als ein Mädchen auf sie zukam und sie zu einem Gottesdienst einlud.

Auf einem Grasstreifen zwischen zwei Baracken saß eine kleine Gruppe um eine Frau herum, die ihnen aus der Bibel vorlas. Danach las sie eine Predigt. Dann sangen sie gemeinsam ein Lied. Corrie war ganz aufgeregt. Wie wunderbar, mit anderen Menschen, die Gott liebten und ihn anbeten wollten, zusammensein zu können – und das sogar im Gefängnis! Im Gebet zu ihrem himmlischen Vater wurden sie eins. Er kannte ihre Not. Jeder einzelne stand unter seiner Obhut. Er verstand ihr Leiden. Er liebte sie. Sie warfen alle ihre Sorgen, ihre Nöte, ihr Leid auf Jesus.

Solch ein Gottesdienst fand jede Woche statt. Bald leitete Corrie Sonntag abends eine Bibelgruppe. Viele Insassen in diesem Lager nahmen daran teil, gemeinsam sprachen sie über einen Text aus der Bibel. Dies half ihnen dabei, es in diesem schrecklichen Lager auszuhalten.

Corrie half es besonders bei der langweiligen Arbeit, die sie während der Woche erledigen mußte. Weil sie Uhrmacherin war, bekam sie die Aufgabe, deutsche Relaisschaltungen zu prüfen. Elf Stunden am Tag saß sie ausgelaugt, müde und mit Schmerzen an ihrer Werkbank. Aber das war immer noch besser als die einsame Zelle in ihrem ersten Gefängnis. Sie lernte, Gott für einfache Dinge zu danken: für andere Menschen, für ihre Arbeit, dafür, daß sie mit ihrer Schwester zusammen war, für die Freiheit, Gott sonntags anzubeten. Am besten von allem war, daß sie anderen in ihrer Not helfen konnte. Sie konnte ihnen aus der Bibel vorlesen und für sie beten. „Der Herr ist meine Hilfe und meine Kraft“, sagte sie.

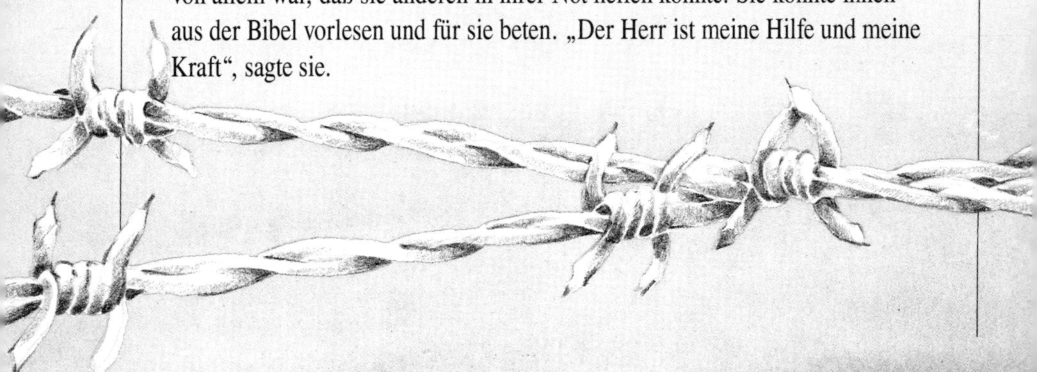

13
EIN FEST IM LAGER

Spät in der Nacht blickte sich Corrie in ihrer Gefängnisbaracke um. In ihrem Schlafsaal lagen 120 Gefangene. Nach ihrem langen, schweren Arbeitstag waren alle müde und erschöpft. Flugzeuge brummten am Himmel. Ein Suchlicht warf seine Strahlen durch den Schlafsaal. Draußen marschierten die deutschen Wachen auf.

Corrie schloß die Augen und dachte an Zuhause, an das „Beje". Sie dachte an ihr Leben dort und malte sich aus, wir es wäre, in einem sauberen Bett mit weißem Bettlaken zu schlafen. Sie stellte sich den Kamin und das Porträt ihres Vaters darüber vor. Tränen stiegen ihr in die Augen. Aber Corrie lernte die schwere Lektion, nicht auf Menschen, sondern nur auf Gott allein zu vertrauen. Nur er konnte Corrie und Betsie helfen. Selbst Briefe nach Hause zu schreiben, war sehr schwierig. Die Gefangenen wurden oft für die dümmsten Dinge bestraft und durften dann keine Post nach Hause schicken.

Als Corrie am nächsten Morgen erwachte, lag ein glücklicher Tag vor ihr. Es war Päckchentag. Unter den Päckchen war auch eines aus Haarlem für Corrie und eines für Betsie. In diesen Päckchen waren Kuchen, Zucker, Kekse und Süßigkeiten. Es war ein Fest. Corrie und Betsie waren überglücklich. Sie stellten die kleinen Schachteln um sich auf und teilten den Inhalt mit den anderen Gefangenen. Wie hätten sie das alles ganz allein essen können?

Die Päckchen gaben ihnen neuen Mut. Alles um sie herum schien zu lächeln. Sie sagten einander, daß sie durchhalten würden, bis sie aus diesem Gefängnis freikämen. Draußen schien die Sonne. Wie gut ihr himmlischer Vater für sie sorgte.

„Der Herr kümmert sich immer um uns", schrieb Corrie ihrer Schwester Nollie nach Hause.

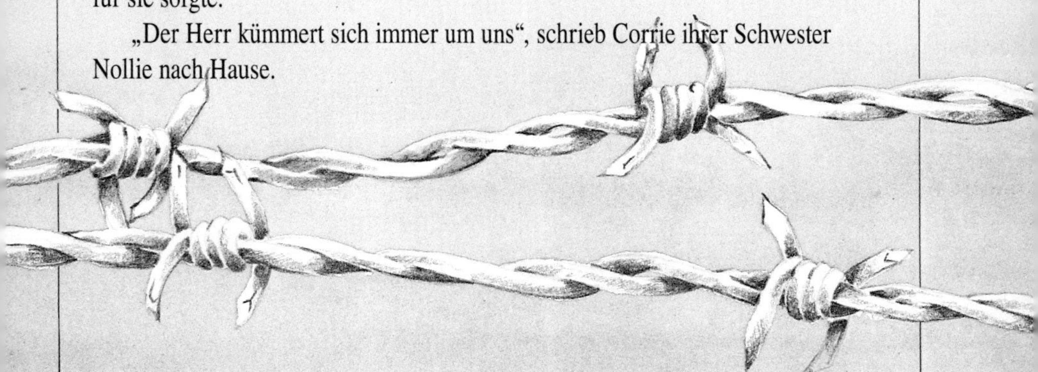

14
FARBEN IM GEFÄNGNISGRAU

September 1944 – Freiheit lag in der Luft. Gerüchte gingen um, daß die englische Armee in Frankreich gelandet sei und in der Nähe von Holland stehe.
Es war Sonntagnachmittag. Betsie und Corrie gingen draußen spazieren. Ein Wunder schien sich anzubahnen. Würden sie bald freikommen? Die Sonne strahlte, die Farben leuchteten wie ein Regenbogen. Licht brach durch die grauen Wolken. Der Herr sagte ihnen: „Schaut zu mir herauf. In mir findet ihr Farben und Freude, Schönheit und Licht."

„O Betsie", weinte Corrie. „Es ist, als wenn ein Stück Himmel zu uns herabgekommen wäre."
„Alles, was uns unser himmlischer Vater sagt, erfüllt uns mit Freude", erwiderte Betsie. „Und eines Tages werden wir bei ihm im Himmel vollkommene Freude erfahren."

In der Ferne dröhnten die Kanonen immer lauter. Aber plötzlich verwandelte sich ihre Freude in Angst. Etwas war mit den männlichen Gefangenen auf der anderen Seite des Zaunes geschehen. Sie hörten die Schritte marschierender Soldaten und dann viele Schüsse. Ihre Landsleute wurden getötet.

„Betsie“, weinte Corrie. „Ich halte das nicht mehr aus. O Gott, warum läßt du das geschehen, warum nur? Hast du nicht unsere Schmerzen getragen?“

Doch in ihrem Herz vernahm sie auch die Antwort: „Wirf alle deine Sorgen auf mich!“ Gott liebte sie. Gott liebte Betsie. Was auch passierte, sie mußte Jesus vertrauen. Hatten sie das nicht beide als Kinder schon gelernt? Als Vater ten Boom Corrie ins Bett brachte, sagte er: „Ich liebe dich“, und strich ihr mit der Hand über den Kopf. Mitten in ihrem Leid fühlte Corrie jetzt die liebende Hand des Herrn auf sich und auf Betsie ruhen.

15
IN DIE HÖHLE DES LÖWEN

Mir kommt alles wie ein Rätsel vor, dachte Corrie. *Aber eines Tages werden wir wissen, was es bedeutet.*

Laut sagte sie zu Betsie: „Es ist wie in einer schwierigen Schulstunde. Die Lektionen sind schwer. Gott selbst ist der Lehrer."

„Wir dürfen bald hinaus", sagte Betsie.

Betsie und Corrie wurden jedoch nur in ein anderes Gefängnis gebracht. Zusammen mit anderen Gefangenen, von denen einige sehr krank waren, einige sogar unmittelbar aus dem Krankenhaus kamen, wurden sie in einen Zug gepfercht. Sie wußten, daß ihr Weg nicht in die Freiheit führte. Es dauerte nicht lang, bis sie erkannten, daß sie aus ihrem Heimatland gebracht und in das feindliche Deutschland gefahren wurden. Corrie hatte plötzlich das Gefühl, vor Angst ersticken zu müssen.

Trotz ihrer eigenen Angst und Sorgen wußte Corrie aber, daß andere um sie herum noch größere Not litten. Sie blickte ein Mädchen an, das sich gegen sie drückte, und empfand Mitleid mit ihr.

„Komm mich besuchen, wenn wir frei sind. Ich wohne in der Barteljorisstraat..." Corrie erzählte ihr von Jesus und davon, wie nur er allein ihnen Glück schenken konnte. Ihr fiel das Lied ein:

> Was der Morgen auch bringen mag,
> mein Heiland hält mich an der Hand.

Corrie umklammerte fest Betsies Hand. Als sie die holländische Grenze überquerten, hörten sie eine Kugelsalve. Ihre Landsleute hatten versucht, den Zug aufzuhalten — vergeblich. Sie fuhren über die Grenze nach Deutschland. Als es dunkel wurde, stimmte jemand im Zug auf Niederländisch das Lied an:

> Lebt wohl geliebte Niederlande,
> liebes Vaterland, leb wohl.

16
RAVENSBRÜCK

Ihr Weg führte sie weit nach Deutschland hinein. Als sie schließlich alle aus dem Zug klettern konnten und in ihr neues KZ geführt wurden, waren sie in Ravensbrück, das für seine Grausamkeit bekannt war. Die Tore schlossen sich. Das Gelände war überall von Stacheldraht, der unter Strom stand, umzäunt. Aus diesem Konzentrationslager entkam niemand.

In der ersten Nacht mußten alle im Freien auf dem blanken Boden im Regen schlafen. Corrie kuschelte sich nah an Betsie.

„Gott schenkt denen, die er liebt, Schlaf", sagte Betsie. Sie beteten aus einem Lied, das sie kannten: „Die Nacht ist dunkel und ich bin fern der Heimat, führe mich weiter." Dann schliefen sie beide ein.

Nach zwei Tagen im Freien wurden sie in langen Reihen zu den Waschräumen geführt. Den Gefangenen wurden ihre letzten Habseligkeiten abgenommen, sogar

ihre ganze Kleidung. Vielen ließ man nicht einmal mehr ein dünnes Kleid, das sie wärmen konnte.

Corrie und Betsie beteten um Kraft, auch ohne ihre Kleidung auskommen zu können, wenn es sein mußte. Aber sie vertrauten darauf, daß Gott ihnen geben würde, was sie brauchten. Auf wunderbare Weise tat er das auch. Als sie vor den Duschräumen anstanden, hatte Corrie eine Idee. Sie fragte die Wärterin, ob sie auf die Toilette gehen dürften. Drinnen flüsterte sie: „Schnell, Betsie, gib mir deine wollene Unterwäsche.“ Corrie zog ihre eigene warme Unterwäsche auch aus, rollte beide zu einem festen Ball zusammen und versteckte das Bündel zusammen mit ihrer Bibel in einem dunklen Winkel der Toilette.

Nach dem Duschen holte Corrie das Bündel wieder heraus, steckte es in ihr Kleid und reihte sich in die Schlange derer ein, die an den Wachen vorbeigingen, wo jede Gefangene sorgfältig untersucht wurde. Durch ein Wunder sahen die Wachen Corrie anscheinend überhaupt nicht, obwohl Betsie durchsucht wurde!

„Oh, Herr, du erhörst Gebete“, flüsterte Corrie. „Ich begegne Ravensbrück ohne Angst.“

Konzentrationslager Ravensbrück
Kommandantur
II/ 66730/Bo/Hö.

Ravensbrück, den 28.12.44

Entlassungsschein

Der Häftling Cornelia A.J. ten Boom
geb. am 15.4.92 in Amsterdam
hat vom 8.9.44
bis zum heutigen Tage im Konzentrationslager eingesessen.
Ihm wurde aufgegeben, sich bis auf Widerruf jeden ... Werktag bei der Ortspolizeibehörde seines Wohnortes sofort bei m Befehlshaber der Sipo.u.d.SD.Den Haag zu melden.
Der Häftling war hier polizeilich nicht gemeldet. / Lebensmittel-, Kleider- und Volkskarteikarten sind für die Dauer des Aufenthaltes in dem Konzentrationslager nicht ausgestellt worden!

30. DEZ 1944

Der Lagerkommandant
SS-Sturmbannführer

KL/66/5.44 20.000.

17
DIE WUNDERBARE VITAMINVERMEHRUNG

Immer wieder erfuhren die beiden im Konzentrationslager, wie Gott die Menschen, die der liebt, versorgt. Corrie und Betsie hatten schon gelernt, wie wichtig Gebet ist, als sie noch zu Hause im „Beje“ lebten. Einer ihrer Lieblingsverse aus der Bibel war Psalm 31,15 gewesen: „Meine Zeit steht in deinen Händen.“ Gott wußte bestimmt, was er tat. Er würde Betsie und Corrie nicht alleinlassen. Sie mußten nur alles ihm überlassen, ihm vertrauen, und er würde für sie sorgen.

Genau das geschah bei der wunderbaren Vitaminvermehrung. Kennst du die Geschichte in der Bibel über den Propheten Elia und die Witwe aus Zarpat? (Du kannst sie in 1. Könige, Kapitel 17, nachlesen.) Die Witwe aus Zarpat hatte einen Ölkrug, der nie leer wurde; je mehr sie ausgoß, um so mehr blieb in dem Krug zurück! Gott sorgte für die Witwe und Elia, während eine Hungersnot im Land herrschte.

Corrie hatte ein ähnliches Erlebnis. Sie besaß eine Flasche mit Vitamintropfen, und diese Flasche wurde nie leer. Je mehr sie jedem im Gefängnis davon abgab, um so mehr blieb in der Flasche zurück!

Die Gefangenen im Konzentrationslager waren sehr krank und wurden schlecht ernährt. Die kleine Vitaminflasche war lebensnotwendig.

Eines Tages schmuggelte dann eine Freundin eine riesige Packung mit Vitamintabletten aus dem Lagerkrankenhaus in den Schlafsaal. Jede hatte genug für eine ganze Woche! Aber Corrie wollte Betsie eine doppelte Ration geben und holte ihre Vitaminflasche. Sie stellte die Flasche auf den Kopf – welch eine Überraschung. Sie war leer! Jetzt, da sie die Tabletten hatten, wurde die Flasche nicht mehr gebraucht.

„Das war eine gute Lektion für mich“, sagte Corrie. „Ich vertraute Gott nicht genug. Ich hätte die Vitamintropfen jemand anderem geben sollen, der sie dringender benötigte.“

Kaum hatte sie das gesagt, als die Freundin von der Krankenstation mit einer zweiten Tasche voll Vitamintabletten kam. Welch ein Wunder!

18
EINE ALTE LEKTION NEU GELERNT

Als Corrie noch ein Mädchen war, bekam sie eine schrecklich Krankheit – Tuberkulose. Es stellte sich heraus, daß sie auch noch eine Blinddarmentzündung hatte. Aber als der Arzt Bettruhe verordnete, wollte sie nicht liegenbleiben.

„Man kann doch nicht mitten am Tag ins Bett gehen?" dachte sie und sagte zum Herrn: „Warum muß ich krank sein, Herr? Ich will leben und gesund sein!"

Sie mußte damals lernen, was Paulus meinte, als er in der Bibel schrieb, er bete für seine christlichen Leser, daß „ihr gestärkt werdet mit aller Kraft durch seine herrliche Macht zu aller Geduld und Langmut. Mit Freuden sagt Dank dem Vater, der euch tüchtig gemacht hat zu dem Erbteil der Heiligen im Licht" (Kolosser 1,11–12). Das war eine schwere Lektion für das junge Mädchen. Sie war mehrere Monate ans Bett gefesselt, bekam wenig Besuch und war in ihrem winzigen Zimmer wie gefangen. Zuerst war Corrie wütend und ging in Selbstmitleid auf. Heiße Tränen liefen ihr über die Wangen. Aber langsam lernte sie, daß Jesus ihr Leben lenkte. Was ihr auch passierte, Jesus wußte es. Sie betete um Jesu Frieden in ihrem Herzen. „Herr, du weißt, was am besten ist. Ja, du weißt es", betete sie.

Diese Lektion, die Corrie als Kind gelernt hatte, vergaß sie nie. Im Gefängnis vertrauten die zwei Schwestern Jesus voll und ganz. Sie machten große Pläne für die Zeit nach der Freilassung aus dem KZ und der Rückkehr nach Holland. Sie planten, notleidenden Menschen zu helfen. Sie würden jedem, der traurig oder krank war, berichten, wie Gott ihnen geholfen und sie bewahrt hatte. Den Menschen, die ihre Schmerzen und ihr Leid nicht ertragen konnten, wollten Betsie und Corrie sagen, daß Jesus der Sieger ist. Sie wußten, daß das wahr ist, weil sie in ihrem eigenen Leid festgestellt hatten, daß sie durch ihn, der alle Menschen liebt, mehr als Sieger sind.

19
JESUS VERBINDET

Corrie wurde in Ravensbrück schwer krank. Durch das wenige und schlechte Essen schwollen ihre Füße und Beine an. Aber sie mußte trotzdem einen langen, schweren Arbeitstag bewältigen. Sie betete ständig zu Gott, der sie wieder aufrichtete und ihr die Kraft gab, andere zu ermutigen: „Seid stark in dem Herrn und in der Kraft seiner Stärke."

Manchmal wurden die Gefangenen, denen Corrie und Betsie aus der Bibel vorgelesen und geholfen hatten, in ein anderes Gefängnis verlegt. Die Stelle ihrer Mitinsassen aus Holland nahmen Gefangene aus Polen ein. Obwohl sie die Sprache der anderen nicht verstanden, waren sie in ihrem Leid und in ihrer Not eins. Oft fanden sie gemeinsam in dem Wissen Trost, daß Jesus, ihr Retter, ihre Schmerzen und die Last ihrer Sorgen getragen hat. Sie hatten alle ihre Heimat und ihre Lieben verloren; sie waren krank und schlecht ernährt; sie froren, denn sie hatten nur schäbige, dünne Baumwollkleider am Leib; sie waren schmutzig und wurden grob und brutal behandelt. Aber sie waren durch ihre gemeinsame Liebe zu ihrem Herrn miteinander verbunden.

Eines Abends lehnte eine kleine polnische Frau ganz traurig an ihrem Bett. „Jesus Christus?" fragte Betsie. Ein glückliches Leuchten breitete sich über ihr Gesicht aus. Betsie beugte sich zu ihr hinunter und küßte ihre polnische Schwester. Alle Menschen, die Jesus liebten, waren eine Familie. Die Herzen und Leben von Menschen aus verschiedenen Ländern und verschiedenen Kirchen fanden in Jesus eine gemeinsame Mitte. Ihre Gesichter strahlten. Sie sangen miteinander: „Kommt zu unserem Heiland, zögert nicht!"

Corrie dachte: *Eines Tages werden wir alle im Himmel sein und uns an Gott freuen, weder Sprachbarrieren noch Landesgrenzen werden Gottes Volk voneinander trennen.*

20
TRENNUNG

Betsie hatte eine ganz heiße Stirn und litt unter hohem Fieber. Sie war schwer krank. Corrie ging mit ihrer Schwester zur Krankenstation. Hunderte andere Kranke lagen ohne Hilfe im Freien in der Kälte, viele von ihnen waren sterbenskrank. Einige warteten schon stundenlang hier.

Wie furchtbar, dachte Corrie, *und wie tapfer Betsie ist.* Sie warteten eine Weile, bis Betsie schließlich in das Lagerkrankenhaus eingewiesen wurde.

„Wie gut Gott zu mir ist", sagte Betsie. „Er kümmert sich wunderbar um mich. Ich mußte nicht lange warten."

Aber Corries Gedanken sahen anders aus: *Dieses Lager ist schrecklich; für jemanden, der krank ist, ist es die reinste Hölle. Wann wird das alles endlich zu Ende gehen?* Corrie ließ Betsie im Krankenhaus und besuchte sie am nächsten Tag wieder. Dabei mußte sie feststellen, daß Betsie weder Medikamente noch Pflege bekommen hatte. Am schlimmsten war, daß Corrie von der Krankenschwester auch noch aus dem Zimmer geschickt wurde. *Wie grausam,* dachte Corrie. *Nicht einmal meine Schwester darf ich besuchen!*

„Warum läßt du das alles zu, Herr?" schrie Corrie zum Herrn. „Warum muß Betsie so viel leiden?"

Plötzlich hörte Corrie drei Worte auf Französisch: „Rempli de tendresse" – „voll Zärtlichkeit". Sie drehte sich um. Wer hatte das gesagt? Niemand stand in ihrer Nähe. Corrie merkte, daß der Herr selbst zu ihr gesprochen hatte. Sie war beschämt und mußte weinen, aber es waren Freudentränen. Wie konnte sie nur gegen Gott rebellieren? Wie konnte sie nur vergessen, darauf zu vertrauen, daß er bei Betsie war und sich ihrer annahm?

Gott war Corrie für ihren Kleinglauben nicht böse. Vielmehr hatte er mit Worten der Liebe zu ihr gesprochen. Es war, als ob Gott seine Arme weit ausgebreitet und sie umarmt hätte. Corrie war erfüllt mit Dankbarkeit. Wie glücklich war sie, daß sie wußte, ihr liebevoller Vater Gott war bei ihr und bei Betsie, liebte sie und kümmerte sich um sie.

21
MEINE ZEIT STEHT IN GOTTES HÄNDEN

Betsie wurde aus dem Krankenhaus entlassen. Aber sie war noch nicht gesund. Doch ihr Herz war stark in ihrem Herrn, und die Schwestern freuten sich auf den Tag ihrer Freilassung. Corrie träumte davon, sie wären beide wieder daheim in Holland und winkten ihrer Königin bei der Rückkehr aus dem Exil zu. Wie Betsie sich nach der Freiheit sehnte! „Eines Tages“, sagte sie, „werden wir Farben sehen, Musik hören, singen und frei auf den Wiesen spazierengehen und Bäume sehen. Eines Tages... Oh, wie soll das geschehen?“

Es war im November 1944. Es konnte bestimmt nicht mehr lang dauern, auch wenn für Corrie die Zeit furchtbar langsam dahinschlich.

Einige Zeit später erhielt Corrie Gottes Versprechen: „Noch bevor der Winter einbricht, seid ihr frei...“

Dann wurde Betsie wieder schwer krank. Corrie hatte Angst, daß ihre Schwester sterben könnte. Aber Betsie sprach nie so, als fürchte sie sich vor dem Tod. Vielmehr sprach sie immer so, als kenne sie den Himmel sehr gut... fast so, als wäre sie schon dort gewesen!

Eines Morgens wurde Betsie auf einer Trage ins Krankenhaus gebracht. Sie sah sterbenskrank aus. Am Nachmittag besuchte Corrie ihre Schwester. „Sehr bald“, sagte Betsie, „werden wir aus dem KZ frei sein.“

Als Corrie am nächsten Tag ins Krankenhaus kam, sagte man ihr, daß Betsie gestorben sei! Jetzt war Corrie allein in Ravensbrück. Ohne Betsie, die sie aufmunterte. Aber die kalte Leere, die sich in Corries Herz eingeschlichen hatte, wich von ihr. An seine Stelle kehrte ein warmer Friede ein. Freude durchflutete Corries Herz. Ihr Heiland tröstete sie. Corrie wußte mit völliger Sicherheit, daß Gott auch in dieser schrecklichen Situation bei ihr war und daß Betsie endlich frei war – im Himmel.

22
FREI

Am Tag nach Betsies Tod merkte Corrie, daß ihre Beine bedrohlich anschwollen. Doch sie sah den Sonnenaufgang und fühlte die Schönheit um sich herum. Sie war glücklich, daß Betsie keine Schmerzen mehr litt, sondern im Himmel nur noch Freude erlebte.

Eine deutsche Stimme schrie: „Ten Boom, Cornelia."

Corrie ging mit Schmerzen in den Beinen zur Tür ihres Schlafsaals. Was sollte jetzt geschehen? Sie wurde zusammen mit einigen anderen Gefangenen zum Büro gebracht. Dort sagte man ihnen: „Ihr werdet freigelassen. Aber vorher müßt ihr ärztlich untersucht werden."

Corrie schaute auf ihre geschwollenen Beine. Sie wurde untersucht und ins Krankenhaus eingewiesen. Erst wenn ihre Beine wieder in Ordnung wären, könnte sie aus dem Konzentrationslager freikommen. Sie mußte Geduld bewahren.

„Herr Jesus, du wirst mich nicht verlassen. Du hast alle meine Schmerzen getragen", betete Corrie. Jede Nacht ging sie zu den Kranken in den anderen Betten und erzählte ihnen von Jesu Liebe.

Nach einer Woche wurde sie aus dem Krankenhaus entlassen. Sie konnte das Konzentrationslager verlassen. Corrie konnte es kaum glauben. In ihrer letzten Nacht ging sie durch den langen Gefängniskorridor und sah, daß die Fenster alle zugefroren waren. In dieser Nacht brach der Winter mit seiner Kälte herein: Die Temperaturen fielen auf zwanzig Grad unter Null. Das Wasser im Eimer war von einer dicken Eisschicht bedeckt. Gott hatte sein Versprechen gehalten: Er rettete sie, bevor die große Kälte einsetzte.

Als sie aus der Baracke heraustrat, sah Corrie den Schnee über diesem trostlosen, schrecklichen deutschen Konzentrationslager liegen. Ravensbrück! Mit zwei anderen Insassen aus Holland trat sie hinaus in die Freiheit. Mit einem Bündel ihrer und Betsies Kleider machte sie sich auf ihre dreitägige Heimreise nach Holland. Corrie wußte nicht, warum sie freigelassen worden war. Erst viele Jahre später entdeckte sie, daß es ein Versehen gewesen war. Gott hatte für Corrie ein Wunder vollbracht.

23
DAS IST NICHT MEINE WELT

Corrie erwischte einen Zug, der sie nach Holland zurückbrachte. Mit ihr wurde eine zweite Gefangene, Claire Prins, freigelassen. Als sie in Holland ankamen, führte sie ihr erster Weg in ein christliches Krankenhaus.

Das erste, was Corrie tat, war, einen Krankenhausgottesdienst zu besuchen, der gerade angefangen hatte. Corrie sah furchtbar heruntergekommen aus: ihr Körper war ausgemergelt und schmutzig, ihre Kleidung zerlumpt, aber darum kümmerte sie sich keinen Deut. Sie war so glücklich, daß sie frei war. Es war ihr gleichgültig, was andere über sie dachten!

Bald bekam sie etwas zu Essen, ein warmes Bad und ein eigenes sauberes Bett. Die Krankenschwestern zogen ihr frische Wäsche an und bürsteten ihr die Haare. Corrie hätte vor Freude weinen können, daß sich endlich jemand um sie kümmerte. Fast ein ganzes Jahr lang hatte sie im Gefängnis Leid ertragen müssen, aber jetzt war sie frei. Doch sie wußte, daß ihr Leben nicht mehr ihr gehörte: es gehörte bis in alle Ewigkeit dem Herrn. Er hatte sie befreit und ihr ein neues Leben geschenkt. Ohne jeden Zweifel wußte Corrie, daß Jesus eine Aufgabe für sie hatte. Aber jetzt war sie erst einmal voll Frieden und Dankbarkeit gegenüber ihrem himmlischen Vater, der sich um sie gekümmert hatte.

Später besuchte Corrie ihr altes Zuhause, das „Beje". Vater und Betsie waren tot. Corrie betastete die vertraute Tür und betrachtete die Läden an den Fenstern. Welch eine schwere Lektion hatte sie im Gefängnis gelernt: ihr Zuhause war nur bei Jesus. Corrie ahnte damals noch nicht, daß das Zuhause ihrer Familie in dieser kleinen Gasse, der Barteljorisstraat in Haarlem, auf der ganzen Welt berühmt werden würde. Bald würden Christen überall die erstaunliche Geschichte von Corrie ten Booms Schrank hören, in dem einmal Juden vor den Deutschen versteckt wurden.

1945 war der Krieg zu Ende. Corrie hatte eine Botschaft für die ganze Welt: Jesus allein ist Sieger. Es gibt keine Tiefe, in der Jesus Liebe nicht noch tiefer wäre.

24
TAG FÜR TAG ARBEIT FÜR JESUS

Ein völlig neues Leben begann für Corrie. Zuerst zog sie sich in ihr altes Zuhause, das „Beje“, zurück. Sie fing an, den Menschen in Haarlem zu erzählen, was Betsie und sie erkannt hatten. Eines Tages überließ eine Frau, die in einem schönen Herrenhaus mit fünfundsechzig Zimmern wohnte, Corrie ihr Haus, um es in ein Heim für freigelassene Gefangene umzuwandeln. Ärzte und Krankenschwestern halfen kostenlos. Corrie hatte kein Geld. Aber irgendwie bekam sie immer so viel Geld, wie sie gerade benötigte.

Gott sorgte für Corrie und führte sie. Sie schrieb ihre Erlebnisse im KZ auf und erzählte Menschen in ganz Holland, wie Gott ihr im Gefängnis seine Liebe erwiesen hatte. Sie erzählte jedem, daß Jesus alle ihre Probleme kenne. Sie erklärte, sie wisse das, weil Gott so viel für sie getan habe.

Ungefähr ein Jahr später begegnete Corrie nach einem Gottesdienst in der Kirche einem Mann, den sie kannte: er war Aufseher in Ravensbrück gewesen. Er sagte, er sei jetzt Christ und hielt Corrie seine Hand entgegen. Aber Corrie war wie erstarrt. Gefühle des Hasses und der Wut kochten in ihrem Inneren. Dann, nach einem Gebet zu Jesus, ergriff sie zögernd die Hand und merkte, daß Jesus ihr Liebe und Vergebung für diesen Aufseher schenkte. Corrie erkannte, daß sie auch Deutschen von Jesu Liebe erzählen mußte. Corrie kehrte nach Deutschland zurück. Freunde halfen ihr, ein früheres Konzentrationslager in eine Zufluchtsstätte für Menschen, die kein Zuhause hatten, umzuwandeln. Corrie füllte diesen Ort mit Blumen und Licht; alles wurde hell und farbenfroh.
Am meisten jedoch erfüllte sie die Menschen dort mit der Liebe zu Jesus. Nach dem Krieg waren viele Deutsche beschämt. Sie wollten Corries Botschaft hören, daß Jesus der Retter ist, der alle Wunden heilt, der Haß in Vergebung und Finsternis in Licht umwandelt. Viele fanden Trost und Hoffnung und einen Weg, um ein neues Leben aufzubauen.

25
VAGABUND FÜR DEN HERRN

Im Jahr 1947 hatte Corrie mit Jesu Liebesbotschaft Deutschland besucht. In den nächsten 33 Jahren reiste sie in der ganzen Welt herum, um den Menschen aus verschiedenen Nationen zu sagen, daß „Gott uns den Heiligen Geist gegeben hat, um unsere Herzen mit Liebe zu erfüllen". Corrie wurde ein „Vagabund für den Herrn", wie sie sich selbst bezeichnete. Sie besuchte Menschen, die in vom Krieg erschütterten Ländern Not litten, Menschen im Gefängnis, in kommunistischen Ländern, in denen es schwer war, ein Nachfolger Jesu zu sein. Immer dankte sie dem Herrn für seine Liebe, die ihr half, das zu tun, was sie allein nicht konnte.

Die Jahre vergingen, aber ihre Botschaft blieb dieselbe. Jesus blieb derselbe.

Oh, Liebe Gottes, so unendlich tief und groß,
viel tiefer als des Menschen größter Haß.

Das war Corries Lied. Es sprach von Strömen der Liebe, einer Liebe, die so tief ist, daß sie die tiefsten Winkel eines Menschenherzen erreicht. Corrie hatte Reisebegleiterinnen, die ihr bei ihrer wunderbaren Arbeit halfen: zuerst Connie, dann Ellen und später Pam. Corrie verbrachte ihre Tage mit Schreiben, Ansprachen, Reisen – sie war voll Energie, voll Leben, voll Liebe. Die Begegnung mit Corrie ten Boom war aufregend – es war wie die Begegnung mit einem Menschen, der das Geheimnis des wahren Glücks kannte.

Corrie hatte viele Freunde. Sie hatte eine weltweite Familie. Sie erlebte aber auch alltägliche Höhen und Tiefen. Außerdem wurde sie langsam älter. Einmal schrieb Corrie in einem Buch mit dem Titel *Gebete und Verheißungen für jeden Tag:*

Gebet: Sag mir nur, was ich tun soll, und ich tue es, Herr.

Gottes Verheißung: „Verlaß dich auf den Herrn von ganzem Herzen, und verlaß dich nicht auf deinen Verstand, sondern gedenke an ihn in allen deinen Wegen, so wird er dich recht führen." (Sprüche 3,5 und 6)

LITERATUR ZU CORRIE TEN BOOM

Boom, Corrie ten / Sherrill, John / Sherrill, Elisabeth: *Die Zuflucht.* Corrie ten Boom erzählt aus ihrem Leben 1892–1945, 13. Aufl., Brockhaus-Tb. 817

Boom, Corrie ten: *Mit Gott durch dick und dünn.* Weltreisende mit guter Nachricht 1945–1975, 7. Aufl., Brockhaus-Tb. 312

Boom, Corrie ten: *Kleines Haus mit offenen Türen.* Die Jahre vor der „Zuflucht", 2. Aufl., Brockhaus-Tb. 350

Boom, Corrie ten: *Jesus ist Sieger.* Das Training der Gemeinde in der Endzeit. Anhang: *Besiegte Feinde.* Vom Kampf gegen die okkulten Mächte, 7. Aufl., Brockhaus-Tb. 344

Boom, Corrie ten: *Freu dich, das Beste kommt noch.* Im Zentrum seines Willens leben, 5. Aufl., Brockhaus-Tb. 305

Boom, Corrie ten: *Dennoch*, 20. Aufl., Brockhaus-Tb. 3

Boom, Corrie ten: *Ganz persönlich.* Treffsichere Anmerkungen, 6. Aufl., Oncken-Mini-Buch 27318

Rechte Seite:
(oben) Corrie in Vietnam

(unten) Corrie in einem Waisenhaus im afrikanischen Kongo

26
ARBEIT ÜBER ARBEIT

Erfolg bedeutete für Corrie ten Boom nur eines: jeden Tag ihrem Herrn ähnlicher zu werden. Arbeit bedeutete für Corrie, der Welt zu sagen, daß Jesus Christus der Retter ist. Corrie behielt eine ganze Reihe an Aktivitäten bis ins hohe Alter bei.

Ihre letzte Begleiterin bei ihrer Arbeit war Pam. Pam erinnert sich an ihre erste Begegnung: Tante Corrie saß, von Kissen gestützt, in ihrem Bett. Sie war eine quicklebendige dreiundachtzigjährige Frau! Pam erinnerte sich, wie Corrie das Gefühl vermittelte, daß ihr ganzes Leben von Gott geplant sei: Corrie brauchte nichts anderes tun, als auf Gottes Anweisungen zu hören und sie dann zu befolgen!

Wie diese alte Frau ihre Arbeit genießt, dachte Pam. *Sie hat mehr Energie als ich, das sehe ich jetzt schon!*

Corrie ten Boom hatte eine großartige Fähigkeit, Dinge anzupacken und zu erledigen, das durchzuführen, was sie plante. Als Pam Corries Begleiterin wurde, war sie von ihren kraftvollen, agilen Bewegungen beeindruckt. Corrie war ein Energiebündel: Es gab immer noch viel für den Herrn Jesus zu tun. Tante Corrie schmiedete bereits Pläne: Am allerersten Tag, an dem Pam in ihren Dienst trat, breitete die alte Dame ihre Pläne vor ihr aus. „Erste Station Schweiz, dann New York, weiter nach Miami...", sagte Tante Corrie und schloß mit dem Satz: „Wir fahren insgesamt in achtzehn Städte."
Pam geriet beim bloßen Gedanken an diese Reise außer Atem!

Bald danach waren Corrie und Pam um die halbe Welt gereist, um in den USA zu wohnen. Hier begann die letzte Etappe in Tante Corries Leben: Veranstaltungen, Beginn eines neuen Buches, Telefongespräche, Briefe, Rundfunkinterviews und — ein neues Unternehmen — Filmaufnahmen. Während dieser ganzen Zeit lernte Pam von einer großen alten Dame das Geheimnis eines intensiven Lebens mit Gott.

27
EINE HELDIN KEHRT HEIM

Jetzt lag Tante Corrie auf der rechten Seite, sie trug ein blaues Spitzennachthemd. Sie war sehr still. Ohne fremde Hilfe konnte sie nichts mehr tun. Pam hielt ihre Hand. Miteinander blickten sie aus dem Fenster und sahen den Vögeln zu. Die Vögel waren frei. Tante Corrie sah auch frei aus: Über ihr Gesicht strahlte Friede und überströmende Liebe. Dann plötzlich, obwohl sie fünf Jahre lang kein einziges Wort gesagt hatte, sprach sie auf Holländisch: „Blij" (das heißt: „voll Freude").

„Bist du glücklich, Tante Corrie? " fragte Pam.

„Ja", erwiderte sie.

Dann begriff Pam, daß Tante Corrie wollte, daß sie ein Lied singe. Sofort begann sie: „Prijst de Heer met blijde galmer", ein altes holländisches Kirchenlied. Übersetzt heißt es: „Preist den Herrn mit Wellen der Freude."

Es war das Jahr 1983, der 15. April. Ein sehr glücklicher Tag. Tante Corries einundneunzigster Geburtstag. Viele wunderschöne Blumen und Telefonanrufe kamen, und ein oder zwei Besucher durften in ihr Zimmer hinaufgehen. Wieder sang Pam mit einigen anderen an ihrem Bett: „Preist den Herrn mit Wellen der Freude."

„Wir lieben dich, Tante Corrie", sagten sie zu ihr. Die alte Frau öffnete die Augen. Sie wußten, daß Tante Corrie sie verstanden hatte. Sie werden nie ganz erfahren, welche Freude Tante Corrie bei Gott erlebte. An diesem Abend starb Tante Corrie. Sie feierte ihren wirklichen Geburtstag: Sie ging in ein volles, überreiches Leben in den Himmel hinein.

Bücher, Rundfunksendungen, Fernsehen, Filme, unvergessene Ansprachen und weltweite Reisen trugen dazu bei, Corrie ten Boom berühmt zu machen. Aber Corrie wollte nie berühmt werden. Alles, was sie war, sagte und tat, galt Jesus.

In den letzten, stillen Jahren ihres Lebens, in denen sie schwach und krank in ihrem Schlafzimmer lag, schien das Licht des Herrn Jesus aus ihrem Leben. Es war ein strahlendes, farbenfrohes Licht, das immer noch scheint und uns alle auf ihren Heiland hinweist.

D·A·T·E·N · F·A·K·T·E·N

LEBENSDATEN

1892, 15. April	Cornelia Arnold Johanna ten Boom geboren	
1910	Besuch der Bibelschule	18 Jahre
1921–40	Corrie leitet den Mädchenclub	29–48 Jahre
1940, 15. Mai	Holland kapituliert	48 Jahre
1944, 28. Februar	Die Familie ten Boom wird verhaftet	51 Jahre
1944, 29. Februar	Transport ins Gefängnis nach Scheveningen	51 Jahre
1944, 16. März	Corrie kommt in Einzelhaft	51 Jahre
1944, 15. April	Geburtstag im Gefängnis	52 Jahre
1944, Juni	Transport ins Arbeitslager Vught	52 Jahre
1944, September	Überführung ins KZ Ravensbrück	52 Jahre
1944, 31. Dezember	Corrie wird aus dem KZ entlassen	52 Jahre
1945, 5. Mai	Holland wird befreit	53 Jahre
1945, Juni	Corrie eröffnet ein Heim für Kriegsopfer	53 Jahre
1954–77	Corrie hält Vorträge in mehr als 70 Ländern	62–85 Jahre
1968	Israel würdigt Corries Einsatz für bedrohte Juden und läßt sie einen Baum in der „Allee der Gerechten" pflanzen	76 Jahre
1975	Der Film „Die Zuflucht" entsteht	83 Jahre
1977	Corrie beendet Reisetätigkeit und zieht in die USA	85 Jahre
1983, 15. April	Corries Todestag	91 Jahre